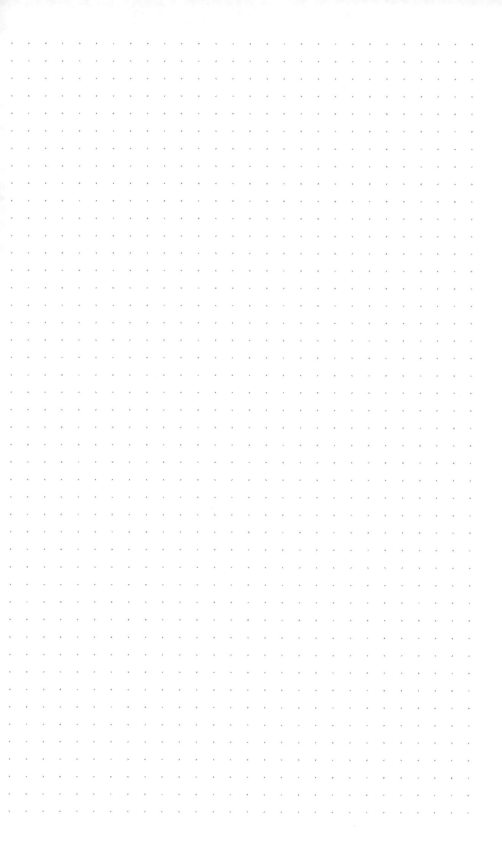

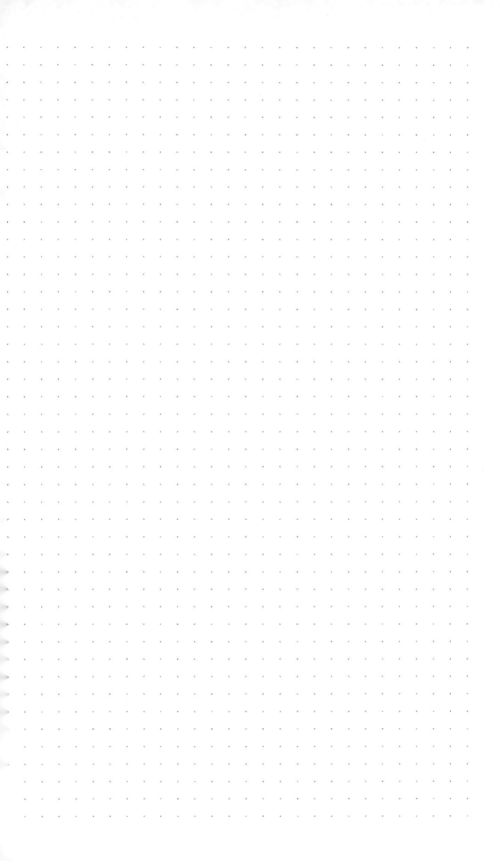

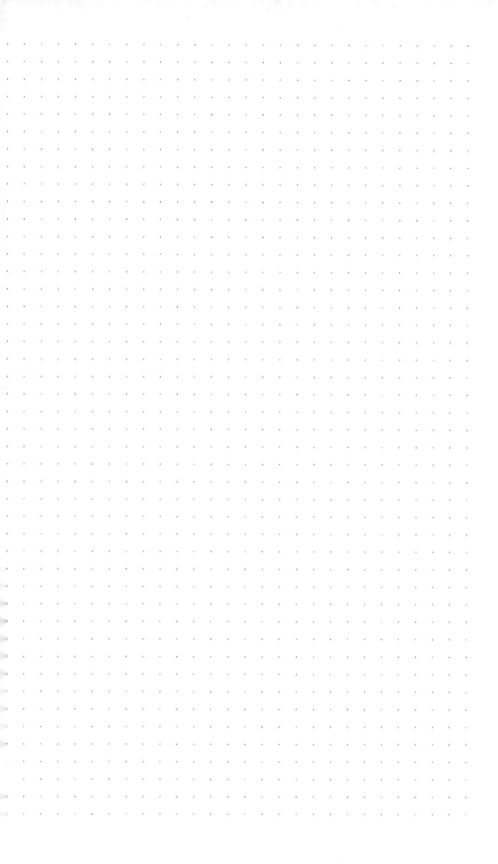

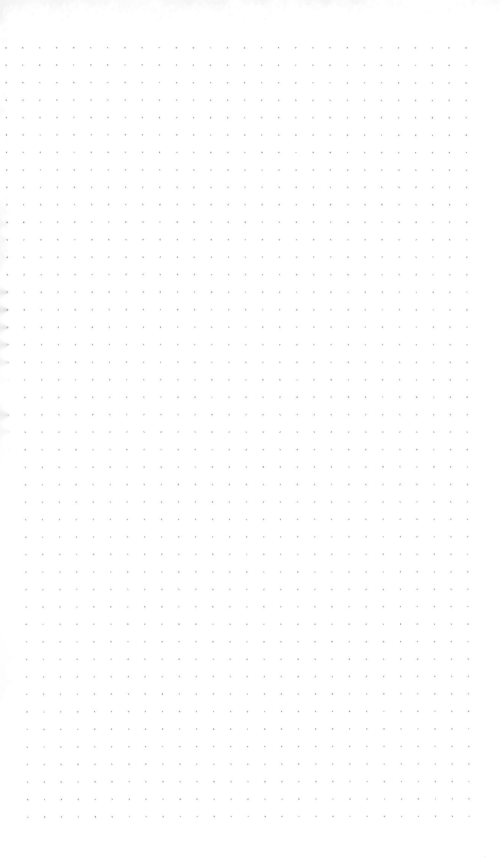

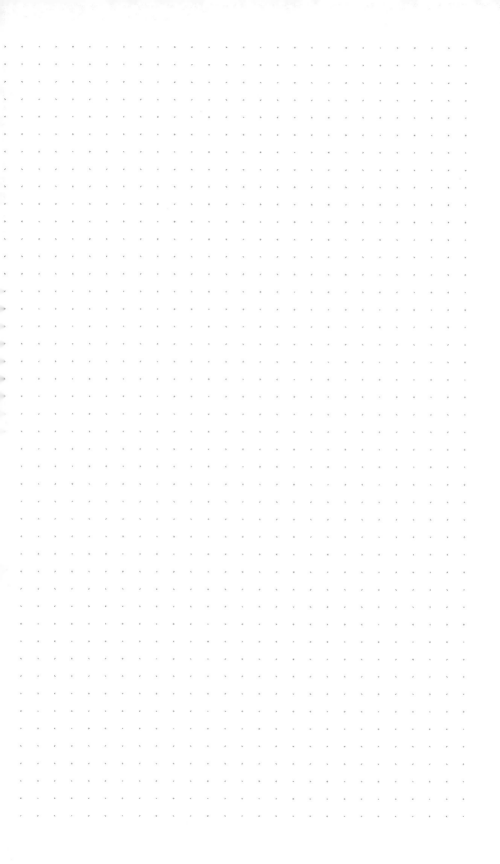

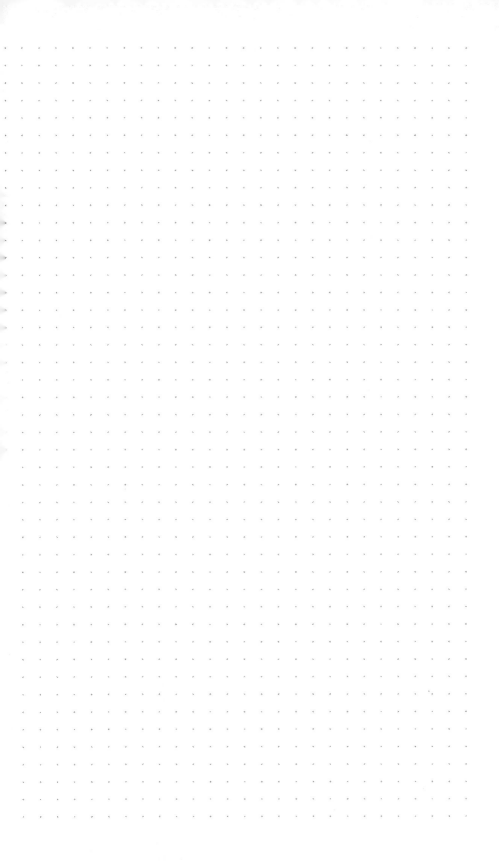

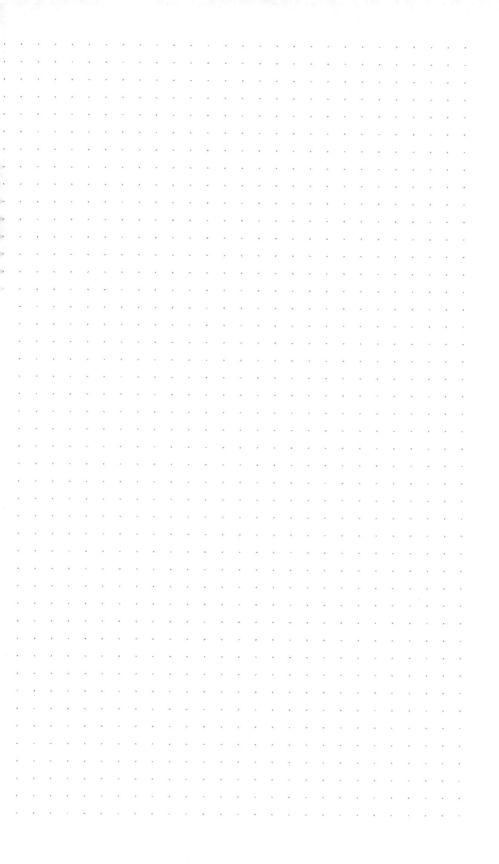

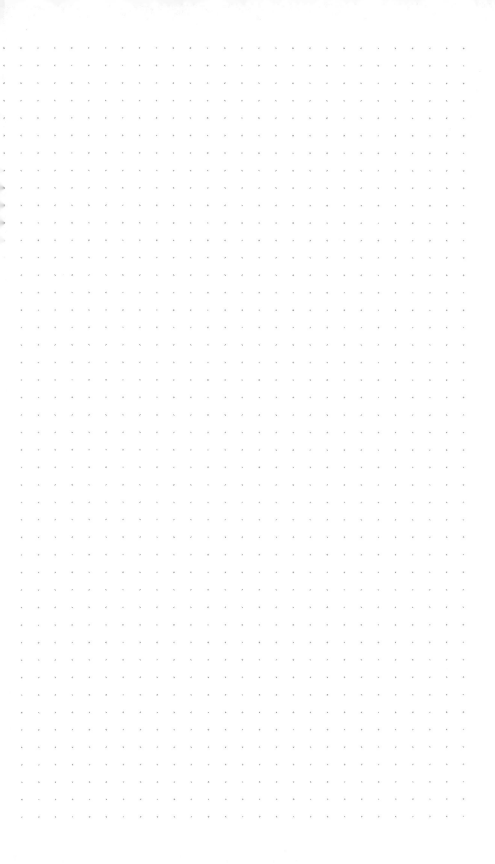

Made in the USA
Columbia, SC
19 December 2021

52036660R00074